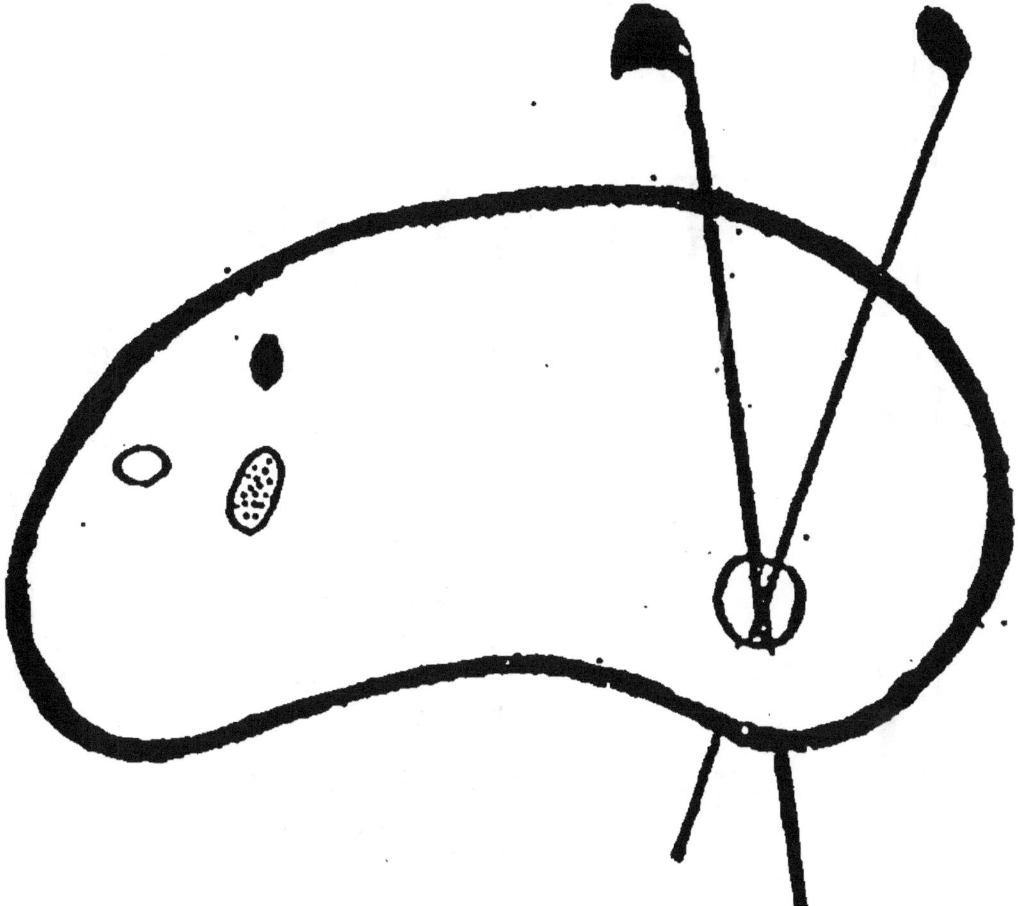

DEBUT D'UNE SERIE DE DOCUMENTS EN COULEUR

LA MÉTHODE DE PLATON

PLATON
EXPLIQUÉ PAR LUI-MÊME

PREMIÈRE PARTIE

LES ATOMES

PAR

EMMANUEL L'OLLIVIER
PROFESSEUR DE PHILOSOPHIE

PARIS — 1883

SCEAUX. — IMP. CHARAIRE ET FILS.

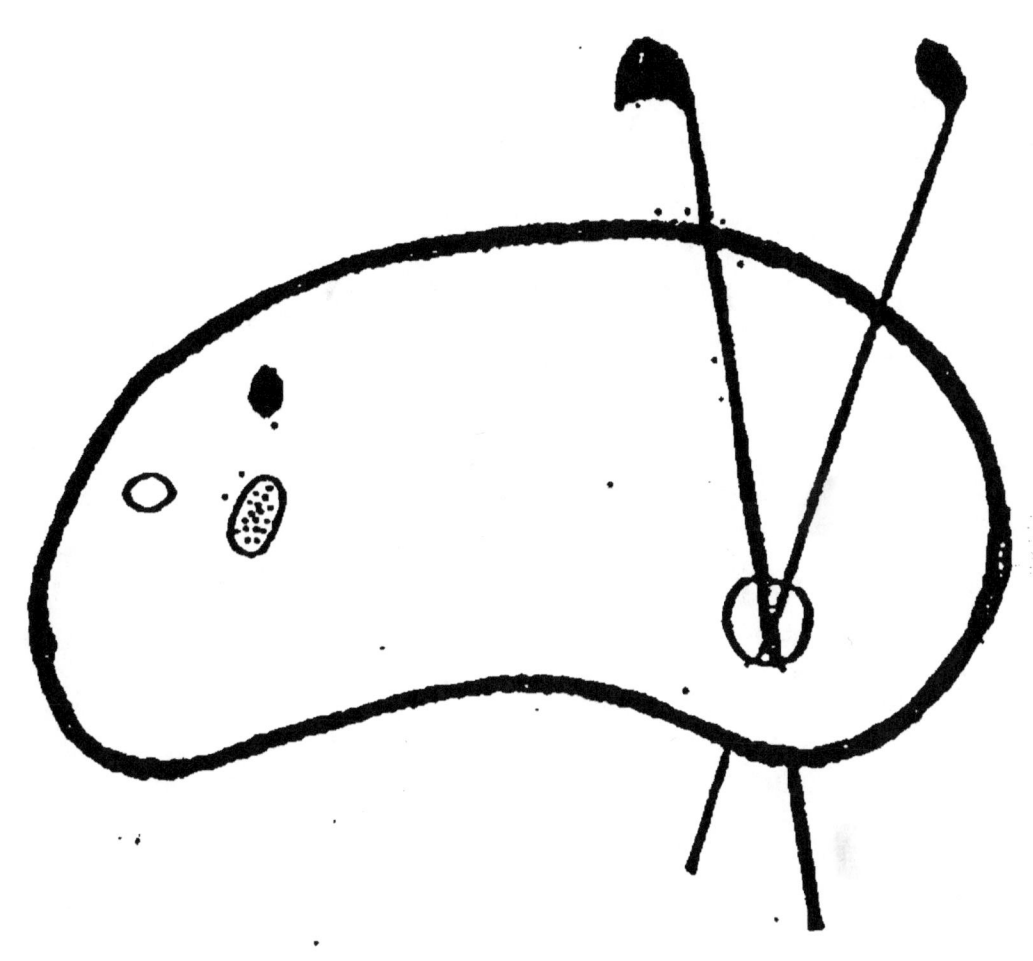

FIN D'UNE SERIE DE DOCUMENTS EN COULEUR

LA MÉTHODE DE PLATON

PLATON

EXPLIQUÉ PAR LUI-MÊME

SCEAUX. — IMP. CHARAIRE ET FILS.

LA MÉTHODE DE PLATON

PLATON
EXPLIQUÉ PAR LUI-MÊME

PREMIÈRE PARTIE

LES ATOMES

PAR

EMMANUEL L'OLLIVIER
PROFESSEUR DE PHILOSOPHIE

PARIS — 1883

PLATON
EXPLIQUÉ PAR LUI-MÊME

PREMIÈRE PARTIE
LES ATOMES

PLATON — L'ERMITE

L'ERMITE. — Après avoir parcouru une route longue et difficile, j'arrivais enfin aux portes des Champs-Élysées. Ce séjour momentané des sages, placé dans une région supérieure comme une étape de repos entre la vie mortelle et l'éternité, surpasse en idéale beauté tout ce qui a été dit à son sujet, tout ce que peut concevoir de plus admirable l'imagination la plus féconde. Rien sur terre ne peut être comparé au bien-être qui ravit quiconque s'approche de ce domaine de l'immortalité.

Je ne veux pas en faire la description (chose difficile) ; je dirai seulement que si quelqu'un pouvait être assez opulent, assez avisé, pour réunir en un seul tenant tout ce que les plus riches contrées possèdent de splendeurs printanières, d'arbres choisis couverts de verdure toujours nouvelle, de fleurs à demi écloses variées à l'infini, le tout disposé avec une symétrie géométrique de manière à former des promenades innombrables, des labyrinthes élégants, des parcs sans limites arrosés de jets d'eau parfumée ; il n'arriverait qu'à une imitation éloignée de ces plaines ravissantes.

Je n'entrai pas dans l'enceinte même de ces vallées sans horizon, l'entrée en est interdite aux mortels ; mais il me fut donné d'en avoir une vue d'ensemble, il me fut permis de me reposer dans l'avenue réservée aux rares visiteurs de ce séjour ignoré.

Ce fut là comme dans une immense salle d'attente préparée par la belle nature que le divin Platon vint me rejoindre répondant à mon appel.

Parmi plus de dix mille esprits éminents venus là de tous les royaumes de l'ancien monde, venus de l'Égypte, de l'Arabie, des Indes, de la Chaldée, de la Perse, de l'extrême Orient, venus d'Athènes et de Rome, j'eus bientôt reconnu le plus renommé de tous les philosophes ; je le reconnus à sa forte stature, à son manteau d'écarlate et surtout à l'éclat de son front couronné de lauriers éblouissants.

Platon appuyé au bras de Socrate, était entouré d'un grand nombre de disciples, parmi lesquels je distinguai Plotin et Proclus d'Alexandrie.

Non loin je vis le savant Pythagore revêtu de son manteau d'hermine ; autour de lui se tenait une foule compacte attentive ; j'aperçus aussi Aristote au milieu d'un groupe d'auditeurs ; ce grand homme était précisément occupé à démontrer que le fond de sa doctrine ne diffère en rien de celle de Platon. Plus loin, dans une atmosphère beaucoup plus lumineuse, je remarquai une cour brillante, au milieu de laquelle un personnage de haute qualité me parut comme un monarque objet de la vénération de tous ; ce personnage était Ermès Trismégiste, le premier des philosophes, premier par l'ancienneté, premier par la science.

La vue seule de cette imposante compagnie de sages me remplit d'aise ; je respirai là comme dans une atmosphère intellectuelle ; je me voyais véritablement dans l'aréopage de la science, au sein du congrès universel de la philosophie, non de cette philosophie inquiète qui cherche sur terre la méthode sans la trouver ; mais j'étais persuadé que j'avais rencontré les maîtres de la science pure qui, étant parvenus au but, se reposent dans la contemplation de la vérité.

Platon vint au devant de moi d'un pas grave, mais avec un sourire bienveillant et dit :

Platon. — Noble étranger, je vous félicite d'avoir trouvé le chemin difficile qui mène jusqu'à nous ; on voit par là que vous êtes un véritable philosophe, vous pouvez compter sur tous mes efforts pour vous être utile, disposez de moi ; ils sont peu nombreux les mortels qui ont véritablement le désir d'apprendre, et nous sommes très heureux lorsque l'occasion nous est donnée d'instruire nos frères pour les faire participer au bonheur que l'être intelligent goûte dans la possession du vrai.

L'ERMITE. — Je suis confus d'un accueil si bienveillant de la part d'un personnage que tous les hommes d'esprit des temps anciens et des temps modernes ont nommé, à juste titre, le grand Platon.

PLATON. — Apprenez, respectable ami, que dans le séjour des immortels, nous n'admettons guère de distinction de personnes, ici les disciples sont les égaux des professeurs ; ici nous mettons en pratique l'égalité fraternelle ; ici nous formons la véritable république des lettres. Je vous prie donc de me considérer comme un ami et de me parler comme tel.

L'ERMITE. — Je suis heureux d'apprendre ces choses excellentes d'une bouche si autorisée ; je parlerai donc simplement et sans autre préambule.

J'ai désiré vous voir, ô Platon, afin de connaître, s'il est possible, les secrets de la philosophie antique, et, dans ce but, j'ai entrepris un voyage pénible ; mais déjà la satisfaction que j'éprouve en votre présence me fait oublier toutes mes fatigues.

Permettez-moi de vous demander, en premier lieu, pourquoi tous les philosophes de l'ancien monde, depuis les Égyptiens jusqu'à Platon lui-même, ont voulu cacher, sous des énigmes obscures, leur méthode de philosophie ; si bien qu'aujourd'hui encore, après deux mille ans de tâtonnements, de recherches infructueuses, nous sommes à nous demander si l'antiquité n'a pas été l'enfance de la science, le bégaiement de la philosophie ? nous-mêmes philosophes modernes, n'ayant encore rien trouvé de bien certain, nous nous interrogeons pour savoir si le vrai existe, ou du moins, s'il est une route humaine qui puisse y conduire sûrement. Il en est même parmi nous qui en sont venus à désespérer du spiritualisme, tout prêts à abandonner le champ de bataille ! que faire dans cette perplexité ?

Quant à moi, j'ai jugé prudent de m'adresser directement au divin Platon, persuadé que vous avez connu toute la vérité et que vous voudrez bien m'en enseigner les premiers éléments. Le moment est critique pour la philosophie moderne ; la philosophie se meurt ; je n'appelle du reste pas du nom de philosophie cette science en honneur aujourd'hui parmi les hommes superficiels et qui consiste à n'envisager que les choses sensibles; cependant, ô douleur! elle seule obtient parmi nous tous les suffrages! Or, j'estime qu'il est temps de relever, s'il se peut, la philosophie spiritualiste, et je crois même qu'à elle seule doit appartenir, en fin de compte, la dernière victoire.

PLATON. — Vous ne vous êtes pas trompé, ô mon ami, vous qui n'avez point désespéré de la philosophie, vous qui honorez l'antiquité. Il vous sera donné de connaître bientôt les secrets de l'initiation scientifique; vous avez bien jugé de nous qui fûmes vos devanciers, vos ancêtres dans la vie; vous avez compris les anciens; ainsi, du reste, en avaient jugé quelques grands esprits parmi vous; quelques-uns nous avaient devinés sans nous comprendre, tels J. de Maistre. Ed. Quinet, Victor Cousin.

L'ERMITE. — Victor Cousin fut un grand esprit.

PLATON. — L'apercevez-vous là-bas dans cette allée de droite, à l'ombre des magnolias en fleurs, au milieu des Pythagoriciens ? Remarquez que son front n'est pas encore ceint des lauriers de l'immortalité, contrairement à la grande majorité des habitants de l'Élysée : Victor Cousin devra faire préalablement un surnumérariat assez long parmi nous, il devra s'initier aux mathématiques, aux mathématiques philosophiques qui seules renferment les bases précises de la certitude. Il manquait à ce philosophe l'analyse dont il comprit toute l'importance, mais qu'il ne voulut pas mettre en pratique : travail ingrat qui ne promet au philosophe que veilles sans éclat et peines sans compensation ! Victor Cousin suit maintenant les leçons de Pythagore.

Mais ne perdons pas un temps précieux, parlons du but de votre voyage ; s'il vous est agréable, noble ami, reposons-nous sur le gazon nouveau à l'ombre de ce bosquet de jasmin blanc ; nous n'y serons distraits par aucun bruit, par aucun spectacle extérieur, car la nature a pris soin de former ici, à l'aide du feuillage épais, une enceinte odoriférante qui n'a de communications qu'avec le firmament.

L'ermite. — Permettez-moi de m'étonner de vos paroles au sujet de Victor Cousin quand vous avez parlé de la nécessité des sciences exactes appliquées à la philosophie. Vous ignorez peut-être, très honoré maître, que les philosophes modernes regardent comme un jeu subtil de l'esprit tout ce qui a rapport à la théorie des nombres, attendu, disent-ils avec apparence de raison, que l'on peut trouver dans les combinaisons numériques une infinité d'idées sans doute souvent ingénieuses, mais toujours stériles, étant sans application pratique.

Platon. — Ami, laissons si vous le voulez bien, pour le moment, cette question qui sera résolue en son temps, qui sera résolue sans peine tout à l'heure, attendu qu'elle naîtra d'elle-même, dans la suite de cet entretien, comme un principe naturel accompagné de ses conséquences. Je dirai seulement, dès à présent, afin de vous donner une idée de la route que nous allons parcourir, route facile, route ouverte et lumineuse ; je dirai que nous tous qui avons recherché la vérité, dans l'ancien monde, nous n'avons jamais accepté comme fondement de la certitude, comme critérium, que l'évidence mathématique : exemple : $2+2=4$, pourquoi ? parce que $2+2=2+2=4$! Parce que cela est ! Ce qui est est, voilà l'évidence.

Au surplus, les modernes ont agi légèrement en condamnant la méthode Pythagoricienne sans la connaître. Ce que vous prenez aujourd'hui pour jeu de l'esprit, pour enfantillage, est un travail extrêmement sérieux ; mais le tout est de se comprendre, et vous ne nous avez point compris.

L'ermite. — Il me tarde de connaître les véritables éléments de la science.

Platon. — Je dirai des modernes ce que les Égyptiens disaient autrefois des Grecs, lors de mon voyage à Saïs : « Vous tous, Athéniens, disaient-ils, vous êtes des enfants au regard de l'antiquité de l'Égypte. »

Eh bien ! vous tous hommes nouveaux du nouveau monde, vous êtes comme des enfants vis-à-vis de la science antique dont vous ne paraissez pas même soupçonner toujours l'importance et la haute valeur. Quand donc en comprendrez-vous la beauté inestimable?

Or, je vous prie, désormais, de m'écouter avec la plus grande attention. La vérité est simple, elle s'apprend aisément; mais il faut que les esprits y soient bien préparés. Oui, les principes de la science philosophique sont d'une simplicité merveilleuse et telle que les hommes cherchent bien loin ce qui se trouve effectivement sous leur main. Je vous en donnerai un exemple : Je suppose que l'on ait donné à résoudre le problème suivant dont la solution a été trouvée fortuitement, ces temps derniers, parmi les mortels : trouver un agent, une force capable de remplacer mille chevaux vigoureux, une force capable d'entraîner cinquante chariots pesamment chargés, avec une vitesse prodigieuse?

Vous vous imaginez bien, respectable étranger, que les savants se fussent creusé pendant longtemps la cervelle, qu'ils eussent fait des études, des expériences très longues, très difficiles et très inutiles; qu'ils eussent établi, à grands frais, des combinaisons mécaniques et chimiques très compliquées, toutes fort éloignées du but. Il ne serait venu à l'idée d'aucun d'expérimenter l'action de l'eau bouillante au moyen d'un récipient à couvercle !

Il en est ainsi dans la question qui nous occupe ; ne cherchez pas au loin, mais examinez prudemment, attentivement les choses les plus simples, les choses à notre portée, les phénomènes les plus ordinaires.

L'ermite. — Vos paroles éveillent en mon esprit une grande curiosité. J'ai confiance que je vais atteindre enfin le but de mes désirs, et je bénis le destin qui m'a guidé vers le prince de la philosophie.

Platon. — Il faut en remercier les dieux, mon ami ; invoquons donc quelqu'un d'entre eux, Apollon, Mercure ou Jupiter lui-même, à moins qu'il soit plus sage de les invoquer tous, sans en excepter la grande déesse, Minerve dispensatrice de la sagesse, elle, que les sages Égyptiens ont nommée la dame des écritures. Les dieux seuls dispensent la vie et la lumière intellectuelle ; qu'ils veuillent bien présider à notre entretien et nous inspirer des paroles brèves et vraies !

L'ermite. — J'approuve sans réserves ; l'homme est bien impuissant sans le secours d'en haut.

Excusez-moi, je vous prie, de vous importuner en vous posant une question à laquelle vous voudrez bien répondre par un seul mot, afin de retirer de mon esprit des doutes qui pourraient m'empêcher de vous suivre avec tout l'intérêt nécessaire.

Pourquoi parlez-vous des dieux ici, seul en face de moi. Je comprends qu'au temps où vous viviez parmi des hommes ignorants, vous aviez des raisons d'en agir ainsi ; il est certain, au surplus, que vous avez toujours reconnu un seul Dieu comme principe de toutes choses. Je suis persuadé qu'on vous accuse à tort de polythéisme aussi bien que de panthéisme.

Platon. — Je vous répondrai avec plaisir : que j'aie parlé d'un seul dieu ou de plusieurs, dans l'un et l'autre cas, mon langage était celui de la vérité ; il s'agit de faire la distinction des situations ; chaque fois que nous avons parlé des dieux, dans les temps anciens, nous avons eu en vue les multiples manifestations d'un seul dieu principe ;

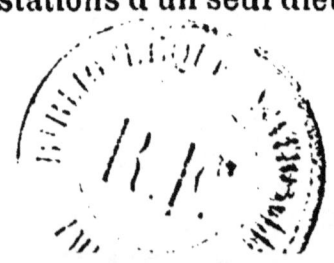

ce sont ces manifestations extérieures de la divinité que mon disciple Plotin a nommées les hypostases, je vous en entretiendrai ultérieurement, au chapitre de la théogonie; mais entendez bien que nous tous philosophes nous ne pouvons être responsables de la folle superstition, de l'idolâtrie du peuple illettré. Veuillez tenir, pour l'instant, votre esprit en repos, à l'abri de toute inquiétude; considérez provisoirement comme non avenues les diverses accusations portées légèrement contre la philosophie ancienne; nous fûmes des hommes comme vous, sachant aussi bien distinguer le vrai du faux, et habiles à éviter le ridicule ainsi que la naïveté.

L'ermite. — Ces paroles m'encouragent dans mes premiers sentiments, j'attends vos développements avec un ardent désir. Le ciel m'est témoin que je fus toujours l'admirateur des sages de l'antiquité et, particulièrement, de Platon.

A ce propos, je dois vous louer d'avoir écrit les choses les plus sublimes en dialogues simples, spirituels, intéressants.

Platon. — Les dialogues conviennent bien à

la métaphysique; ils reposent l'esprit; sans prétention dogmatique et sans pédantisme, ils ont cet avantage que l'auteur se fait comprendre aisément de ses lecteurs avec lesquels il établit une conversation familière.

Mais, avant d'entrer en matière, je ne veux pas oublier de répondre à la première question que vous m'avez faite au sujet du secret que nous avons cru devoir garder dans nos écrits, secret qui n'était dévoilé qu'aux yeux des initiés, c'est-à-dire des lettrés en communion d'idées et de doctrine avec nous.

L'ERMITE. — Vous en avez donné, si je ne me trompe, de bonnes raisons, aussi bien qu'Aristote.

PLATON. — La haute philosophie ne peut autrement faire que de se tenir sur une grande réserve vis-à-vis de la foule illettrée, ignorante, grossière, prompte à la calomnie. La philosophie spiritualiste touche, dès ses premiers pas, aux choses les plus délicates de l'ontologie transcendante, pour descendre à la cosmogonie intellectuelle, après avoir fixé les lois de la théogonie; si l'on veut suivre cette route merveilleuse, il faut absolument laisser en arrière les sots dont le nombre est grand, les esprits prévenus par divers préjugés, et les matérialistes épais qui, loin de s'élever dans les régions de l'intelligence, tendent toujours à s'abaisser vers la terre. Les philosophes de mon temps ainsi que tous nos prédécesseurs, se comprenaient entre eux, cela suffisait. Remarquez, au surplus, que de mon temps, le monde était composé aux deux tiers d'esclaves, la classe des intelligents était d'autant plus restreinte. Vous-même, ne vous faites pas illusion, ami; vous serez obligé de vous montrer très circonspect en bien des circonstances. Quant à moi, j'ai suivi, en tous points, les conseils de Sanchionaton l'Égyptien, qui me recommanda expressément le secret des enseignements métaphysiques; j'ai reconnu par la pratique que cette mesure était dictée par la plus grande prudence. Il ne faisait pas bon parler certain langage à Athènes, sous les *trente*; Socrate, mon meilleur ami, porta la peine d'une trop grande liberté de paroles.

L'ermite. — Je reconnais le bien fondé de cette observation, j'en ferai mon profit; pardonnez-moi d'avoir retardé votre première leçon de laquelle j'attends la lumière.

Platon. — Commençons donc : Je vous fais remarquer, tout d'abord, que je ne ferai que développer, dans ces leçons, les principes que j'ai posés laconiquement, énigmatiquement, dans mes divers ouvrages, principes qui contiennent, en peu de mots, la véritable méthode de philosophie, la base de la science.

L'ermite. — Ce sera un attrait de plus.

Platon. — Préparons-nous, en premier lieu, à bien étudier. Outre la méthode, il faut distinguer la préparation à la méthode.

J'ai dit, dans le livre 6e de « ma république » : « de quelle manière s'y prendront les philóso-« phes pour tracer le plan de leurs leçons? Ils re-« garderont l'âme de chaque citoyen comme une « toile qu'il faut commencer par rendre nette; « car il y aura cette différence entre eux et les lé-« gislateurs ordinaires, qu'ils ne voudront pas

« s'occuper d'un individu pour lui tracer des lois,
« qu'ils ne l'aient reçu pur et net, ou qu'il soit
« devenu tel par leurs soins. »

Ainsi se trouve indiquée la première condition exigée de tout homme désireux d'apprendre la science.

Or, rendre l'âme, ou, pour mieux dire, l'intelligence humaine, nette comme une toile blanche et neuve, comme une tablette nouvellement enduite de cire, comme une tablette rase, qu'est-ce donc? C'est demander au disciple, à l'élève, au néophyte, d'oublier toutes ses connaissances antérieures, de laisser là tous les préjugés, d'effacer momentanément et autant qu'il se peut, de son imagination, de sa mémoire, tout ce qui s'y trouve imprimé, de manière à présenter son esprit devant le nouveau professeur comme un miroir préparé à recevoir les impressions. Ceci se nomme bien la préparation à la méthode, ou mieux, la méthode dubitative.

L'ERMITE. — Voilà bien, en effet, le doute méthodique, la méthode cartésienne, si je ne me trompe.

Platon. — Très bien ; rien n'est nouveau sur terre ; nous avons toujours suivi cette méthode dans l'antiquité, ainsi que vous le constatez, mon excellent ami ; si je voulais employer un mot, un terme plus simple pour rendre cette pensée, je dirais que cette méthode est simplement de l'attention, de l'attention voulue et absolue.

L'ermite. — Il est vrai.

Platon. — Vous voyez bien, jeune philosophe, que tout ceci est élémentaire : un enfant qui veut apprendre doit évidemment apporter toute son attention aux leçons du maître ; il est nécessaire qu'au moment de l'étude, le jeune enfant oublie momentanément tous ses jeux, toutes ses pensées futiles, toutes les idées qui hantent son imagination, pour tenir cette même imagination pure, nette, neuve, attentive, disposée à accepter les idées nouvelles que le professeur va développer. Il convient que ce jeune élève soit censé ne rien savoir ; alors seulement il profitera des leçons du maître.

Mais, outre la disposition de l'esprit, nous demanderons encore la préparation du cœur, la sympathie de la volonté ; afin de bien entendre la vérité, il faut bien que l'on soit disposé à l'aimer.

Ainsi doit faire tout disciple de la philosophie : il doit tout ignorer, de convention expresse, il doit se montrer ignorant de tout, même des premiers éléments des connaissances, puisqu'il est vrai que la philosophie a, tout d'abord, pour objet de rectifier les jugements antérieurs en remontant aux premiers principes, aux premiers éléments de la science générale.

Le philosophe oubliera donc toutes ses connaissances acquises, tous les livres, tous les traités de philosophie ; il laissera là tous les systèmes ; à l'exemple de Descartes, il n'aura souci de l'autorité d'aucun auteur quel qu'il soit, il sera comme un enfant simple, ignorant, sans préjugés, désireux d'apprendre et d'aimer la vérité.

L'ERMITE. — On ne peut entendre rien de plus naturel, de plus raisonnable.

PLATON. — Je ne saurais mieux représenter

cette disposition de l'esprit désireux de connaître, soumis, passif, attentif, qu'à une plaque photographique, préparée à recevoir la lumière du soleil. N'exagérez pas, au surplus, la portée de mes paroles. Je ne vous demanderai pas une soumission aveugle, irréfléchie ; tout au contraire, je vous invite, quand il y aura lieu, à me soumettre vos observations, vos objections ; il n'est pas question ici de croire, il est question de comprendre.

L'ermite. — J'ai tout quitté, ô Platon, j'ai renoncé à toutes les affections sensibles pour m'attacher à la philosophie, je ne veux point reculer maintenant que vous me faites entrevoir une route nouvelle ; je suis tout prêt à vous suivre, je vous écoute avec une attention absolue.

Platon. — Je continue le développement de nos prolégomènes : Suivez donc, ô mortel aimé des dieux, ces simples raisonnements.

Nous sommes convenus d'étudier la philosophie, c'est-à-dire de chercher la vérité, c'est-à-dire de rechercher la science, les commencements de la science ?

L'ermite. — Nous en sommes convenus.

Platon. — Or, rechercher la vérité, remonter aux éléments des choses, étudier, en un mot, n'est-ce pas se rendre compte des phénomènes?

L'ermite. — Sans contredit.

Platon. — Ainsi il y aura cette différence entre les philosophes et le commun des hommes, que les premiers prétendent interroger la nature afin de savoir d'où elle vient, où elle tend; afin de savoir d'où vient l'homme le premier dans la nature, et où il va ; tandis que les autres hommes, dont le nombre est immense, vivent et meurent dans leur insouciance, à peu près comme les êtres sans raison.

L'ermite. — Il en est ainsi que vous le dites.

Platon. — Par où commencerons-nous? Chercherons-nous à constituer quelque système ingénieux, dans notre imagination, ou bien nous contenterons-nous modestement, simplement, d'étudier, d'interroger les phénomènes de la vie?

Quel plus beau livre trouverons-nous que le livre de la nature ?

L'Ermite. — La première route n'a conduit, jusqu'à ce jour, à aucun but bien pratique ; nous ne savons plus où nous en sommes sur terre avec les théories du moi et du non moi, de l'objectif et du subjectif; même nous n'avons pu définir, d'une manière satisfaisante, notre propre esprit, qui est cependant l'instrument de la vérité ; rien, parmi les philosophes modernes, n'est plus confus que la psychologie ; chacun de nous se perd dans des phrases creuses où il est question souvent de la raison, de la conscience, sans que nous ayons su définir leur rôle. En un mot, ô Platon, nous qui voulons tout connaître dans le monde visible et dans le monde invisible, sur terre et dans les cieux, nous ne nous connaissons pas nous-mêmes !

Platon. — Il est donc nécessaire de suivre l'autre voie, celle de la nature visible, sensible, qui se trouve à notre portée ; nous commencerons par regarder, par examiner attentivement tous les objets qui se présenteront à nos regards, choisissant en premier lieu les plus simples. Les principes des sciences sont simples, travaillons simplement.

L'Ermite. — Vous ne voyez aucun inconvénient, vénéré maître, à faire ainsi de la science expérimentale ?

Platon. — Patientez : peut-être les choses sensibles bien étudiées nous donneront-elles la raison des choses intellectuelles ? celles-ci seraient le prototype de celles-là !

L'Ermite. — Cette hypothèse sourit beaucoup à mon esprit.

Platon. — Si nous réussissons, après avoir bien étudié la nature, à trouver ses éléments communs, à trouver une loi commune à tous les êtres, à toutes choses visibles ; qu'ensuite nous jugions, après expérience, que cette même loi est applicable au monde intellectuel, nous aurons obtenu un résultat considérable, nous aurons en notre possession la formule universelle : il ne nous restera qu'à remonter à la cause de cette loi, à son premier commencement. Le reste de la philosophie se déroulera, par la suite, naturellement et sans efforts, ainsi que l'a dit le grand Trismégiste. « Principium complectamur, hoc enim cog-« nito, universa celerrimo discurremus. »

L'ermite. — Voilà un plan admirable.

Platon. — Étudions donc avec courage, avec persévérance :

Nous voulons, je le répète, nous rendre raison des choses, rechercher le comment, le pourquoi de tous les phénomènes. Or, se rendre raison des choses n'est-ce point les prendre l'une après l'autre, afin de les regarder en particulier ; ensuite, de prendre encore toutes ces choses pour les décomposer, pour essayer de trouver leurs premiers éléments communs, s'ils en ont ? cette opération a pour but de réduire tout, jusqu'au plus infime grain de sable, à sa plus simple expression ; vous nommez cette opération l'analyse ?

L'ermite. — Effectivement.

Platon. — Nous voulons donc prendre chaque objet à part, le distinguer d'un autre objet et, finalement, le diviser lui-même en ses diverses parties élémentaires jusqu'à ce que la division ne soit plus possible. Dans le langage de la faculté on nomme cela disséquer ; cette expression me plaît mieux ; nous disséquerons la nature pièce par pièce et nous disséquerons chaque pièce jusqu'aux dernières limites de l'opération.

L'ERMITE. — Oui.

PLATON. — Par exemple : voici un sac d'écus, je suppose ; si je veux en connaître la valeur, j'ouvrirai le sac, je séparerai les pièces afin d'en reconnaître la valeur individuelle, ensuite je compterai le tout ; y a-t-il une autre manière de trouver la valeur du sac d'écus ?

L'ERMITE. — Il n'y en a pas d'autre.

PLATON. — Il n'existe donc qu'une seule méthode de philosophie, c'est l'analyse.

L'ERMITE. — Fort bien dit.

PLATON. — Retenons bien cette remarque importante que toute connaissance réside, en principe, dans la distinction, dans la division ; dans la distinction du grand ou du petit, du noir ou du blanc, et que si l'homme n'avait point le pouvoir de distinguer, de séparer, de diviser, par la pensée, une chose d'une autre, il ne pourrait avoir absolument aucune connaissance ; il n'aurait, devant le spectacle merveilleux de la nature, d'autre connaissance que celle d'étendue ; il ne connaîtrait ni le grand ni le petit, ni un homme ni un arbre ; tout lui paraîtrait confondu en une atmosphère incolore.

L'ermite. — Incontestablement.

Platon. — On pourrait déduire de là, si nous voulions marcher à grands pas, cette conséquence que l'idée de pluralité, que l'idée de multiplicité, que l'idée de nombre se lie nécessairement à toutes nos connaissances et en forme la première base ! Mais ne marchons pas si vite, revenons, plus tôt, sur nos pas et commençons l'analyse patiente, méthodique, mathématique du monde qui nous environne.

L'ermite. — Permettez-moi de vous adresser une objection qui s'est présentée depuis un moment à mon esprit? Est-ce que nous ne penchons pas beaucoup du côté du matérialisme qui s'attache uniquement, et avant toutes choses, aux phénomènes sensibles, et qui finalement, ne pouvant s'élever plus haut, nie simplement le spiritualisme?

PLATON. — Je vous prie de ne point vous mettre en peine des distinctions de l'école : nous n'avons ici qu'un but, la vérité ; un seul chemin peut nous y conduire, c'est l'analyse. Nous ne nous égarerons jamais en suivant, à petits pas, une route si droite. On a trop parlé, dans le monde moderne, d'écoles spiritualistes, idéalistes, sensualistes, matérialistes, ou autres ; on a trop formé de systèmes dans le monde : les savants, les philosophes ont restreint, plus qu'il ne fallait, le champ de leurs investigations, ils ont été trop spécialistes, plus empressés à faire de la critique que de la science. Il est temps de rompre avec ces errements, avec cette routine qui vous énerve et vous tient enchaînés dans l'obscurité intellectuelle. Il est temps de comprendre que la matière et l'intelligence ont chacune leur importance, non à part, non séparées l'une de l'autre, remarquez-le, mais conjointement, car elles sont de fait inséparables dans l'univers. C'est pour avoir voulu les séparer, les uns n'ayant d'attrait que pour le sensible, les autres ne voyant rien que l'idéalisme, c'est pour cette raison que la philosophie n'a fait guère de progrès parmi vous, et même qu'elle n'a point trouvé sa base, son premier commencement.

L'ERMITE. — Il est vrai que nous n'avons pas tenu assez compte de la valeur de l'éclectisme ; chacun des systèmes de philosophie a certainement un côté vrai, chacun des systèmes a sa valeur relative.

PLATON. — Comment séparer le matériel de l'intellectuel ? L'homme lui-même nous indique par sa constitution double qu'elle est la marche à suivre. En effet, l'être humain se compose incontestablement de matière et d'intelligence ; l'homme privé de l'un de ces éléments essentiels à sa nature, l'homme, dans cette supposition, n'est plus un homme. Ne séparons donc point l'être humain de lui-même, ne formons pas une école à part pour ce qui regarde l'étude du corps, et une autre pour l'étude de l'intelligence ; nous devons, au contraire, rechercher la raison de l'union de ces éléments, et considérer logiquement que la matière et l'intelligence étant unies harmonieusement en notre être même, la même loi primordiale qui régit la matière régit aussi l'intelligence, c'est-à-dire le monde intellectuel. Il y a nécessairement un point de jonction entre le corps et l'esprit, c'est ce point commun, cette loi commune qu'il faut trouver.

Toutefois, dans nos recherches, le matériel doit, à juste titre, obtenir la priorité, car la première chose que nous pouvons connaître est bien la matière sensible, visible, tangible ; le raisonnement obtenu à l'aide de l'intelligence ne vient qu'après. Nous ne pouvons en effet raisonner que sur les choses que nous voyons, que nous touchons d'une façon ou d'une autre.

L'ERMITE. — Il me paraît, ô Platon, que vous ouvrez maintenant devant mes yeux des horizons que je n'avais pas soupçonnés.

PLATON. — Mais ne nous appesantissons pas

sur ces réflexions générales qui, n'aboutissant pas à un résultat immédiat et pratique, ne servent qu'à faire entrer dans l'esprit le vague et l'incertain. Abordons, au contraire, résolument le travail d'analyse. Avant de récolter, le laboureur ensemence; avant d'ensemencer, il laboure la terre; avant de la labourer à l'aide de la charrue, il est encore obligé de la défricher. Commençons donc par le défrichement. Vous voyez, mon ami, de quelle importance est le matériel; ne méprisons donc point les choses sensibles, attendez-vous, bien mieux, dans le cours de nos entretiens, à faire à la matière de grandes, de très grandes concessions, à paraître plus matérialiste que les matérialistes, tout en restant absolument spiritualiste.

L'ERMITE. — Je vous écoute avec admiration.

PLATON. — Nous avons donc décidé que nous voulions défricher le terrain de la science générale, c'est-à-dire tout analyser, tout disséquer, absolument tout, jusqu'au dernier atome...

L'ERMITE. — Je vous arrête ici, si vous voulez

bien. Il me paraît que cette entreprise laborieuse ne sera pas utile; pouvons-nous, en effet, espérer de trouver, comme premiers éléments de la matière, autre chose que ces atomes mêmes dont vous venez de parler? Les plus savants parmi nous en ont ainsi décidé et tout nous engage à croire qu'ils sont dans le vrai, que tout dans la nature se réduit finalement en atomes, ceux-ci étant la plus simple expression de la matière.

Il faut avouer, au surplus, que nous ne sommes pas plus avancés, d'autant mieux que l'école atomiste est elle-même bien faible, bien indécise.

PLATON. — Je suis bien aise que nous soyons dispensés de recommencer une tâche si longue que celle d'analyser les choses, puisque vous admettez, avec les hommes les plus éminents, que tout se résume, en fin de compte, aux atomes.

Désormais, je dirai : puisque la science parmi vous s'est arrêtée aux atomes comme dans une impasse, il nous appartient de reprendre la question à ce point et de sortir de l'impasse en nous frayant une belle et nouvelle route.

L'ermite. — Eh quoi? vous trouvez quelque chose au-delà des atomes?

Platon. — Je trouve, ami, que vous ne savez pas appliquer la méthode analytique, je trouve que vous manquez de patience et de courage puisque vous vous arrêtez aux atomes indéterminés, puisque vous ne dites pas la nature, la constitution, la manière d'être et le rôle véritable des atomes. Cependant, tout ce qui a une une existence est nécessairement déterminé par quelque côté qui manifeste son existence. Si les atomes existent, ils sont déterminés par quelque chose, par leur manière d'être; ainsi, mais seulement ainsi, ils peuvent être l'objet de la connaissance, l'objet de la science, l'objet de la philosophie.

L'ermite. — Admettons-nous les atomes d'Épicure, qui veut que ceux-ci soient, en même temps, simples et matériels, indivisibles et ayant des formes, ce qui suppose l'étendue, et l'étendue est essentiellement susceptible de division? Il y a là une contradiction qu'un esprit droit ne peut nier.

Platon. — Vous voyez donc par là qu'il est indispensable d'examiner de près les atomes afin de les bien caractériser. Peut-être y a-t-il lieu d'établir, sur cette question importante, des distinctions? Il y a, sans doute, atome et atome! Peut-être pourrons-nous mettre d'accord la philosophie avec Épicure tout en mettant Épicure d'accord avec lui-même.

L'ermite. — Je ne consentirai pas à accepter les atomes formels comme premiers éléments, car s'ils ont des formes, ils donnent lieu à une nouvelle analyse; il faudra diviser ces formes pour arriver au simple véritable. Il est vrai que je me trouverai encore dans cette impasse dont vous parlez.

Platon. — Très bien; cependant, nous pouvons accepter, d'un côté, des atomes composés ou formels; d'un autre côté, les atomes réellement simples; les premiers étant du domaine du matérialisme, les autres appartenant aux spiritualistes, c'est-à-dire aux véritables philosophes.

L'ermite. — Cette distinction éclaire mon esprit d'une nouvelle lumière; il me paraît que vous êtes en mesure de me faire sortir de l'impasse atomiste au moyen de deux routes superbes.

PLATON. — Il est remarquable que les idéalistes plaisantent les Épicuriens mal à propos, car ceux-ci sont dans la logique de leur situation, n'ayant pour objectif que la matière; ainsi ils n'ont que faire des atomes simples. Leur travail est facile, il consiste simplement à reconnaître la structure superficielle du monde, la constitution des choses visibles; ils ne veulent rien chercher au delà. Les Épicuriens, n'étant pas ambitieux, se sont posé le simple problème de la formation immédiate de l'univers, ils ont donné des formes aux atomes, ces atomes secondaires suffisant bien à expliquer les formations du monde physique.

Les idéalistes sont moins conséquents, ils sont moins sensés, puisqu'ils ne recherchent pas même les atomes dont ils ont besoin, à leur tour, les atomes méthaphysiques, principes du monde intellectuel et principes des atomes matériels. On dirait que les spiritualistes veulent faire le monde avec des mots; tandis que les matérialistes ont trouvé un agent constitutif quelconque, dans les atomes formels, les idéalistes n'ont rien ; on croirait véritablement, à les entendre parler, qu'ils créeraient l'univers avec rien !

On nomme, certes, à juste titre, les matérialistes des savants, car ils savent ce qui leur est nécessaire dans leur spécialité, dans leurs études physiques ; mais les métaphysiciens ignorent même qu'ils ont à rechercher leurs atomes métaphysiques !

L'ermite. — Il devrait exister, en effet, des atomes métaphysiques qui seraient alors les atomes véritablement dignes de ce nom.

Platon. — Retenons encore ceci comme conséquence de ce qui vient d'être dit : aux atomes quels qu'ils soient, quelle que soit leur nature ; aux atomes finit l'expérimentation sensible ou analyse physique, et la métaphysique commence.

L'ermite. — C'est pourquoi l'un des plus grands esprits disait fort bien, récemment, que les matérialistes les plus intelligents finissent bientôt, dans leurs investigations, par toucher au spiritualisme.

Laissez-moi, grand Platon, vous interrompre encore pour vous exprimer ma surprise de vous entendre parler ainsi des atomes; il ne me paraît pas que vous ayez traité cette importante question dans vos écrits?

Platon. — Détrompez-vous, mon ami; j'en ai parlé longuement : J'ai parlé, d'un côté, des atomes composés considérés comme les éléments immédiats du monde physique. J'ai parlé en outre, autre part, des atomes réels, simples, indivisibles, des atomes métaphysiques; oui, j'ai traité la question atomiste au point de vue épicurien, mais avec plus de logique, quand j'ai considéré la formation immédiate du monde physique dans mon Timée; mes triangles élémentaires sont absolument les atomes formels ou composés.

L'ermite. — Il est vrai.

Platon. — La plaisante chose que l'affirmation des modernes pensant que Démocrite, Épicure, Lucrèce et leurs disciples, aient été seuls à connaître la doctrine atomiste, à établir la valeur de l'analyse, tandis que les plus grands, les plus sages de l'antiquité n'auraient pas soupçonné ce système, l'auraient méprisé, ne l'auraient pas compris ou bien l'auraient passé sous silence! Il serait surprenant, en vérité, que les plus anciens philosophes qui furent les maîtres de la science avant les Grecs; que les mages de la Perse, de la Chaldée, que les prêtres de l'Égypte et des Indes n'aient pas poussé leurs études savantes jusqu'aux atomes? Pythagore, notre vénéré maître dans l'Occident, Philolaus dont je m'honore d'avoir suivi les enseignements, se seraient donc bornés à des études superficielles, décousues? Cette supposition gratuite nous présenterait vraiment comme des naïfs, nous tous qui avons consumé notre vie à la recherche de la vérité dans les temps anciens; mais il n'en fut pas ainsi; nous fûmes, aussi bien que vous, des hommes intelligents, sérieux, remontant toujours aux premiers éléments des sciences, ardents à scruter tous les mystères, tous les problèmes de la nature humaine et de la nature divine.

La vérité est que la doctrine atomiste a été étudiée et reconnue dès les temps les plus reculés dans toutes les écoles philosophiques de l'ancien monde ; la vérité est que la théorie épicurienne, grossière, irraisonnée, impossible, n'est qu'une imitation mal réussie d'un autre système atomiste pur, intellectuel, logique, métaphysique, universel que vous reconnaîtrez bientôt et que nous n'avons ni voulu ni pu divulguer dans ses détails.

L'ermite. — Ces développements me comblent de joie et piquent de plus en plus ma curiosité.

Platon. — Continuons donc, laissons-là les atomes composés dont nous n'avons plus à nous occuper présentement, et parlons des atomes véritables, indivisibles, simples. Je dis que les atomes ainsi compris composent le système dit de Pythagore, système commun à tous les philosophes spiritualistes de l'antiquité.

L'ermite. — Je ne m'explique pas que nous puissions avec utilité discourir sur les atomes simples ; le simple absolu existe-t-il ?

Platon. — Attendez : dans la question primordiale des atomes se présente un phénomène unique : Les atomes ont ce caractère d'être simples par eux-mêmes, simples par leur nature, et d'être essentiellement multiples dans leur manifestation, car ils sont en nombre infini ; ils sont infinis en nombre précisément à cause de leur simplicité intrinsèque : ainsi les atomes réunissent ces deux conditions d'être à la fois simples et multiples ; simples par eux-mêmes, je le répète, et multiples dans l'application, parce qu'ils n'agissent pas isolément. Un atome seul n'est pas compréhensible parce qu'il n'existe pas isolément. Le premier caractère des atomes est d'être en nombre infini ; les atomes sont surtout déterminatifs ; ils ne sont pas divisibles, ils sont diviseurs ; ce sont eux qui sont les agents de la division, de la formation, de la détermination des corps ; ainsi les atomes sont les constituants de la matière qui, par eux, est divisible et divisée à l'infini ; nous en reparlerons bientôt. J'ai voulu seulement répondre à votre objection touchant le simple absolu.

Pour le moment, tâchons de définir les atomes. Comment les déterminer ? Par quel côté les saisirons-nous pour les connaître ? Nous disons bien, jusqu'à présent, que les atomes sont quelque chose de simple, immatériel ; mais quel est ce quelque chose ?

L'ermite. — J'attends la définition des atomes avec la plus grande impatience.

Platon. — Nous cherchons, n'est-il pas vrai, à trouver aux atomes une autre appellation qui les rende intelligibles ?

L'ermite. — En vérité, nous voulons comprendre de quelque manière ce que peuvent être les atomes dont le nom est bien vague.

Platon. — Demandons-nous donc quelle est cette chose qu'on appelle atome ? Trouvons-leur un nom plus clair, plus explicatif ; cherchons autre chose qui soit simple, immatériel, et qui, en même temps, soit bien compréhensible.

L'ermite. — Je ne trouve pas.

Platon. — Ne cherchez point dans les nuages. Nous avons dit que les atomes sont ce par quoi la matière est divisée, formée, puisqu'en analysant la matière, nous aboutissons aux atomes. Regardons d'un autre côté s'il n'existe pas d'autres agents constitutifs des corps, ou du moins, si le même agent n'est pas désigné par une autre appellation plus claire? Ne cherchez pas dans votre imagination, je le répète; nous voulons de l'exactitude, de la science, et non de l'hypothèse. Eh quoi? interrogeons la science moderne, si vous le voulez bien, interrogeons la science exacte par excellence, et nous trouverons la réponse à notre demande.

L'Ermite. — Je n'y suis pas.

Platon. — Voici un traité de géométrie; quel est l'enseignement de la géométrie parmi vous? N'est-ce pas celui-ci : Les corps ou solides sont composés de surfaces; les surfaces, de lignes; les lignes, de points?

L'Ermite. — Tel est l'enseignement de la géométrie, effectivement.

Platon. — Et les points sont abstraits, simples, inétendus!

L'Ermite. — Parfaitement bien.

Platon. — Ainsi les points géométriques sont

les éléments des corps, les constituants de la matière?

L'ermite. — Il y a apparence, au dire des géomètres.

Platon. — D'un côté, les savants prétendent que les atomes sont les éléments de l'univers; de l'autre, les géomètres veulent que ce soient les points! Lesquels sont dans le vrai? Ou bien mettrons-nous d'accord les savants et les géomèmètres, si nous ne voyons aucun inconvénient à ce que les atomes soient nommés des points géométriques?

L'ermite. — Je crois qu'il est indifférent qu'on donne aux éléments du monde le nom de points ou d'atomes; mais dans l'un ou l'autre cas, la difficulté subsiste, car nous ne comprenons pas plus le point géométrique que l'atome.

Platon. — Nous donnerons, toutefois, la préférence à la géométrie, car il semble que déjà les atomes aient pris, par la définition nouvelle, une certaine détermination; en tous cas, la nouvelle appellation est plus scientifique.

L'ermite. — Il est vrai.

Platon. — Je puis donc dire que la géométrie a pour base la doctrine atomiste. Expliquons par quelques mots le rôle des points géométriques.

A bien considérer la définition des géomètres, on pourrait dire que les points sont la limite de la matière, la limite de la matière divisée, la limite des corps; les points seraient ce par quoi les corps sont limités, formés, déterminés. Cette explication ne manquerait pas de logique, car en quittant la ligne qui se trouve être la plus simple expression de la matière, on arrive au point, à l'abstrait. Là se trouve évidemment la limite des corps.

Remarquez en outre ce qui a été dit au sujet des atomes simples, lesquels deviennent intelligibles à cause de leur nombre, à cause de leur multiplicité; c'est que un seul point géométrique est, lui aussi, inintelligible, abstrait; tandis que deux points géométriques sont déjà un commencement de matière, puisque deux points déterminent une ligne.

L'ermite. — Adoptons les points géométriques au lieu et place des atomes.

Platon. — Poursuivons donc nos investigations, continuons l'analyse.

Puisque les points géométriques sont encore peu compréhensibles, cherchons autre chose qui ait le même caractère du point, qui en possède les mêmes qualités et qui, en outre, soit bien déterminé, bien intelligible. Poussons ainsi le pourquoi jusqu'aux dernières limites.

Qu'est-ce que le point géométrique, quelle est sa manière d'être? Par quel attribut, par quelle qualité pourrons-nous le déterminer? La question atomiste a fait un pas en avant, mais elle n'est pas résolue.

On a beau dire que les points sont abstraits et s'arrêter là comme le font les mathématiciens; ce n'est pas ainsi que l'on fait de la science, le philosophe ne doit trouver devant lui aucun obstacle, aucune obscurité.

Étudions donc attentivement le point, regardons-le de tous côtés, saisissons-le par où nous pouvons le saisir.

Nous avons dit, n'est-il pas vrai, que les points sont abstraits, simples, inétendus ?

L'ermite. — Nous l'avons dit.

Platon. — Examinons s'il n'existe pas, dans le domaine intellectuel, quelque chose qui possède les mêmes caractères et qui, de plus, soit bien intelligible ; quelque chose qui soit simple, immatériel et qui ait un côté exact, positif et absolument déterminé ?

L'ermite. — Je cherche en vain.

Platon. — Réfléchissez bien : n'avons-nous pas remarqué que les points ou atomes sont en nombre infini ?

L'ermite. — D'accord.

Platon. — Qu'est-ce qui est intelligible dans ces expressions par lesquelles nous cherchons à définir les atomes quand nous disons : atome, point géométrique, abstrait, simple, immatériel, infini ?

L'ermite. — Tous ces mots ne disent rien de compréhensible, rien de déterminé, parce que, tous, ils se résument en l'idée de simplicité, d'unité abstraite, et que cette idée n'est pas intelligible puisqu'elle n'offre rien de déterminé.

Platon. — N'avons-nous pas oublié un mot?

L'ermite. — Lequel?

Platon. — Nous avons oublié de dire que les atomes ou points sont en nombre infini; or, le nombre est intelligible.

L'ermite. — Effectivement.

Platon. — Prêtez ici toute votre attention : les atomes ou points géométriques ne sont intelligibles absolument que par un côté, par une manière d'être, par un attribut qui est leur infinité numérique; mais ils sont bien intelligibles de ce côté.

Or, le nombre possède les mêmes qualités de l'atome et du point! Est-ce que nous ne pouvons désormais substituer aux atomes et aux points géométriques, les nombres eux-mêmes? Ne sommes-nous pas arrivés au but? Les atomes sont les nombres, les nombres sont les atomes véritables!

Au surplus, la géométrie est l'expression des nombres, le point géométrique est l'expression de l'unité mathématique. Les nombres expriment une idée positive, exacte, bien déterminée, bien intelligible. Quand je dis : deux, trois, quatre, j'exprime certainement une idée positive, compréhensible! Voici donc les atomes analysés, définis, réduits à leur plus simple expression, au nombre abstrait, au nombre seul, le nombre étant, de même que l'atome simple, inétendu, immatériel, infini, et cependant intellectuel.

L'ermite. — C'était donc là le système de Pythagore? C'était là la base de la science?

Platon. — Voilà la méthode de philosophie.

L'ermite. — Je ne suis pas en peine désormais de savoir comment vous conduirez mon intelligence dans le monde de la science, cependant il me tarde de savoir ce que nous ferons avec du nombre; quelle force, quelle vertu attribuerons-nous aux nombres abstraits?

Platon. — Sachez donc prendre patience. Il n'est pas question, en ce moment, de rechercher ni la puissance, ni la force, ni la cause des choses. Nous cherchons simplement, modestement, le comment de la manifestation de la cause, de la force, de la puissance. Nous remonterons plus tard aux causes, et le seul moyen d'y parvenir sûrement est de bien connaître les effets.

Remarquez, en passant, combien nous marchons d'accord avec vos contemporains, avec les modernes, avec Descartes. Ce grand homme demandait, pour construire l'univers, de la matière et du mouvement! or, le mouvement n'est autre que du nombre répété, du nombre qui se meut, du nombre en activité ; le mouvement analysé a pour côté intelligible le nombre et non autre chose.

L'ERMITE. — Pour constituer les corps, le mouvement ou nombre ne peut suffire, il me semble?

PLATON. — Loin de moi cette pensée! des atomes, des points géométriques ou des nombres superposés, ces choses n'étant en elles-mêmes que des abstraits, ne sauraient former, par leurs propres éléments, des corps, des solides, des volumes. Ce qui est simple, immatériel, ne peut devenir étendu, matériel, malgré toutes les combinaisons imaginables. Descartes demandait sagement, en plus du mouvement, de la matière même. Mais ce savant esprit ne demandait pas encore assez, il lui fallait demander, en outre, de la force, et surtout, de l'intelligence. Il est vrai que Descartes, étant lui-même l'opérateur, pouvait, en sa personne, tenir lieu de l'un et de l'autre.

Non ; le nombre seul ne peut suffire à la constitution des choses ; à ce propos, une observation naturelle trouve ici sa place ; c'est que, en analysant la matière d'une façon radicale, on arrive bien à conclure aux atomes, aux points, aux nombres ; nous ne voyons pas autre chose dans notre travail de décomposition ; mais, d'un autre côté, si nous voulons recomposer les corps, nous ne pouvons y parvenir à l'aide des atomes, à l'aide du nombre tout seul ! Voilà pourquoi les Épicuriens ont inventé, de prime abord, les atomes composés, les atomes matériels ; nous voici dans un grand embarras !

C'est que le nombre est une chose, et la matière

une autre; le nombre n'est pas étendu puisqu'il n'est point matériel, mais il a une relation de fait très étroite avec la matière de laquelle même il paraît ne point vouloir se séparer. Le nombre est ce par quoi nous comprenons la matière, ce par quoi la matière se tient; le nombre est l'agent nécessaire à la manifestation de la matière, à son existence, à sa formation, à sa détermination.

La matière en elle-même est une essence pure, infinie, insaisissable, divisible à l'infini ; c'est le nombre infini lui-même qui la divise, qui la forme, qui la détermine, qui la soutient ; le nombre est la charpente, le soutien de la matière. Il est en même temps son côté intelligible, car la matière étant simple en elle-même, ne se comprend que par sa divisibilité. Rien donc dans l'univers ne se compose ni ne se décompose sans le secours du nombre, ainsi que l'a bien dit notre maître Trimégiste, ainsi que l'a répété Philolaüs. Le nombre est l'agent de l'intellectuel, lui seul nous fait comprendre les choses.

L'ERMITE. — Il est beau de vous entendre ainsi, grand Platon, discourir sur la valeur du nombre ;

il me revient que vous en avez dit quelques mots dans certains passages de vos écrits que je n'avais pu comprendre jusqu'à ce jour.

Platon. — J'allais précisément vous rappeler le texte suivant tiré du 7° livre de ma « République » pour continuer à vous montrer que je ne fais absolument que développer à vos yeux les principes que j'ai indiqués succinctement, énigmatiquement autrefois ; j'ai dit parlant à Glaucon :

« Voulez-vous, maintenant, examiner ensemble
« de quelle manière nous nous y prendrons pour
« faire passer les hommes des ténèbres à la lu-
« mière ? Il ne s'agit pas ici d'un tour de palet,
« mais il s'agit d'imprimer à l'intelligence un
« mouvement qui du jour ténébreux qui l'envi-
« ronne, l'élève jusqu'à la vraie lumière de l'être
« par la route que nous appellerons pour cela la
« vraie philosophie. Ainsi il est à propos de voir,
« parmi les sciences, celle qui est propre à pro-
« duire cet effet.

« Eh bien ! Glaucon, quelle est la science qui

« élève l'intelligence de ce qui naît vers ce qui
« est? (du monde sensible vers les sommets de
« l'ontologie). Où donc rencontrer cette science
« universelle, celle qui est si commune et qu'il
« est nécessaire d'apprendre des premières, celle
« qui apprend à connaître ce qu'est un, deux,
« trois! science vulgaire et facile; je l'appelle la
« science du nombre et du calcul. Elle a l'avan-
« tage que nous cherchons, d'élever l'esprit à la
« pure intelligence, à condition de s'en servir
« comme il faut. »

C'est ainsi, vous le voyez bien, que j'avais posé les principes de la véritable doctrine atomiste.

L'ERMITE. — Je serai extrêmement désireux de connaître les développements de cette théorie très curieuse, de remonter à l'aide du nombre, à l'aide de la loi numérique, à l'intelligence du monde métaphysique. J'avoue que je ne saisis pas, tout d'abord, l'importance de ce texte que cependant j'ai lu et relu maintes fois.

PLATON. — Je satisferai votre désir et votre curiosité; mais je veux encore vous rappeler un

texte de mon ami et maître Philolaüs, touchant la même question, il est bien explicite. Le voici tel que vous pouvez le trouver dans les fragments des philosophes grecs ; je livre le texte latin à vos méditations, afin que vous en puissiez saisir vous-même toute la portée.

« Omnia que sub sensum cadent, numerum ha-
« bent, nihil sine hoc cognosci aut percipi, potest.
« Neque enim ulla res cuiquam vel secum vel
« aliis comparata perspicua foret nisi numerus
« cujusquam natura esset. Nunc enim hic men-
« suræ instar cuncta animo accomodata sensui
« subjecit ac sibi invicem familia reddit, singula
« velut corpore vestiens ; rerumque tum finita-
« rum tum infinitarum inter se comparationes a
« rebus ipsis sejungens. »

D'après cela, nous n'aurions aucune connaissance sans le secours du nombre, sans le secours de la loi du nombre, celui-ci étant l'agent universel de la constitution des corps comme il serait l'agent universel de la constitution des idées ?

Ceci vous sera expliqué dans tous les développements ; mais, pour le présent, prenons garde de marcher à l'aventure et à la légère comme des papillons butinant de fleurs en fleurs ; avançons, au contraire, à pas mesurés, veillant à ne laisser aucun ennemi derrière nous ; j'entends par ennemis l'erreur et l'oubli.

Concluons donc ainsi : nous sommes parvenus à ce résultat d'avoir analysé, déterminé les atomes, d'avoir reconnu que les atomes sont les nombres, que la loi atomiste est absolument la loi numérique. Voilà ce que nous avons trouvé d'intelligible dans notre analyse du monde physique ; nous ne connaissons encore que cela, mais nous le connaissons bien ; nous avons donc acquis une première certitude métaphysique et mathématique. La plus simple expression de tout ce qui existe est le nombre. C'est donc à bon droit que Philolaüs nomme le nombre la charpente de toutes choses.

L'ERMITE. — Le nombre abstrait est évidemment la chose la plus simple, la plus élémentaire que nous puissions imaginer ; le nombre est, au résumé, tout ce qui reste d'intellectuel après l'analyse.

Platon. — Nous dirons donc afin de résumer ce premier entretien, que le nombre est l'intellectuel de la matière.

L'ermite. — Qui n'accepterait cette belle formule, conclusion admirable de nos recherches analytiques ?

Platon. — Or, l'analyse du monde intellectuel, l'analyse des idées qui sont les éléments du discours, nous conduira au même résultat. La même loi numérique régit les deux ordres intellectuel et matériel ; nous trouverons donc, en ce qui concerne l'analyse du monde des idées, cette autre formule, à savoir que le nombre est *la matière de l'intellectuel !*

L'ermite. — Merveilleuse démonstration qu'il me tarde bien de voir amenée avec autant de précision que la première !

Platon. — Si vous le voulez bien, nous arrêterons là notre entretien ; cette conférence est déjà longue, je m'aperçois que votre corps fragile soutient à peine votre bonne volonté. Le soleil qui divise sur terre la nuit et le jour a déjà terminé sa course; le moment est venu pour vous de prendre du repos.

L'ermite. — Je suivrai les sages avis que vous me donnez, ô Platon; cependant je serais le plus heureux des hommes si vous vouliez bien mettre le comble à votre amabilité en me donnant, pour terminer, quelques explications au sujet de cette formule par laquelle vous avez fini cette première leçon; vous avez dit que le nombre est l'intellectuel de la matière? Il y a donc une relation intime, nécessaire, entre la matière et l'intelligence? Certains disent que la matière pense; est-ce que nous devons aller jusque-là?

Platon. — Gardez-vous de tirer de nos discours des conclusions trop promptes. J'ai dit que le nombre est l'agent de l'intelligence. L'intelligence en elle-même est, sans doute, une substance simple qui échappe à notre connaissance; mais l'intelligence se manifeste à nous par le mouvement, car, ainsi que le dit bien mon ami Plotin, le propre de l'intelligence est d'être multiple; or, nous savons que le mouvement se compose de nombre; le nombre est donc l'agent du mouvement, l'agent de l'intelligence — ce serait dénaturer ma pensée que de prétendre que la matière pense. On doit dire simplement que l'intelligence s'unit à la matière très étroitement, par le moyen du nombre, de telle sorte que l'intelligence se manifeste dans la matière, par la matière, à l'aide du nombre. En s'expliquant ainsi on évite les erreurs. Les erreurs naissent toujours de la légèreté des hommes, de la précipitation avec laquelle on juge les choses que l'on connaît imparfaitement.

L'Ermite. — Je vous comprends ; l'intelligence essentiellement active assiste la matière essentiellement inerte, et lui donne la vie par le moyen du nombre.

Platon. — Faites attention encore à ceci : Je ne dis pas que l'intelligence existe hic et nunc dans la matière ; je me servirai, au surplus, à dessein, ainsi que je l'ai déjà fait de l'expression « intellectuel » pour marquer la manifestation de l'intelligence, je m'en servirai surtout dans les explications que je vais vous donner sur-le-champ afin de satisfaire votre légitime désir de savoir.

Je dis donc que la matière est formée, soutenue, déterminée, mise en mouvement par ces articles manufacturés dont parle Gassendi ; ces articles manufacturés étant les nombres, le nombre étant le conducteur de l'électricité intellectuelle qui se trouve partout, dans la matière, à divers degrés.

L'intelligence est multiple, elle est diviseur, déterminative : diviser c'est former, différencier, créer. La création consiste dans la division, la division se fait au moyen du nombre ; aussi la matière est divisée en même temps qu'elle se trouve idéalisée par le nombre qui procède de l'intelligence. La matière reçoit ainsi les idées en son sein, elle est le grand réceptacle des idées, nous l'avons même nommée *l'idée* proprement dite. Voilà comment l'intelligence est unie à la matière ; le nombre est leur lieu commun, leur point de contact. Voilà pourquoi toutes les idées, ainsi que nous le verrons, dans la prochaine leçon, sont en même temps matérielles et intellectuelles ; voilà pourquoi elles peuvent pénétrer dans notre esprit immatériel en passant par notre cerveau matériel. Tout ceci vous sera dévelopé bientôt.

Je me contenterai présentement de vous faire admirer la contexture harmonieuse de l'univers :

La chaîne des êtres est conduite à partir de l'homme qu'il faut toujours considérer comme le roi de la création, suivant une échelle descendante de dégradation harmonieuse semblable à ces innombrables nuances que l'on voit représentées fondues en teintes souvent imperceptibles sur les cartes d'échantillon des teinturiers. L'échelle de la vie, en même temps matérielle et intellectuelle dans toutes choses créées, se tient sans interruption, sans solution de continuité, mais avec une successive diminution d'intellectuel, à partir de l'homme jusqu'au plus infime grain de poussière, par un lieu commun, par une constitution identique et solidaire ayant pour base immédiate la loi numérique.

L'homme peut avoir l'intelligence sublime qui l'élève jusqu'à la divinité, conformément à sa divine origine ; dans cet état naturel, l'homme est le lien entre le créé et l'incréé, résumant en lui-même toute la création, résumant tous les règnes de la nature; dans cette situation, l'homme est véritablement un roi parmi les rois. Mais il existe, de fait, des degrés infinis dans le développement des intelligences humaines individuelles : ces degrés, ces nuances, sont dus aux milieux dans lesquels chacun se meut; ils sont dus aux circonstances de la naissance et surtout de l'éducation, de l'instruction. Tous les hommes ne possèdent pas l'intelligence proprement dite, ainsi que le fait observer Hermès, ne possèdent pas cette intelligence supérieure qui rend apte aux hautes études; l'expérience nous l'enseigne. L'homme est un astre voilé, un soleil enveloppé d'une atmosphère opaque; l'homme véritablement intelligent essaie, sans trêve, de se faire un jour lumineux au travers de la matière sensible, au travers de ses voiles épais. Cet homme est un être parfait dans son genre, il est, en même temps, divin et humain, divin par son intelligence qui s'unit à l'intelligence suprême; voilà le véritable philosophe.

Oui, l'homme résume toute la création; par là

il est microcosme suivant la belle remarque de Plotin.

Mais beaucoup d'hommes ont seulement cette intelligence courante que nous nommons communément l'esprit, ils sont spirituels. Le caractère propre des hommes spirituels est de saisir promptement les rapports, les divers côtés des choses, mais seulement les petits côtés, et surtout de s'attacher aux choses faciles, vulgaires.

Ensuite, vous trouverez, mon ami, que tous les hommes ne peuvent être appelés ni intelligents, ni spirituels; il en est beaucoup de bornés, et véritablement leur faculté de comprendre touche de près, dans l'échelle descendante, à ce que nous nommons l'instinct, expression qui nous sert à distinguer l'esprit des bêtes. D'autres hommes, enfin, ne sont guère plus intelligents que certains animaux : ce sont ceux qui, faute de culture intellectuelle, sont tombés à l'état sauvage.

Ainsi il est aisé de trouver des degrés à l'infini dans le développement de l'espèce humaine, relativement à l'intellectuel.

La même progression descendante se manifeste

harmonieusement dans l'échelle animale, quoique la présence de l'intellectuel y soit toujours constante et indispensable.

Les animaux placés au sommet de leur échelle ne diffèrent des hommes placés au bas de l'échelle humaine que par la parole, par le raisonnement qui, seul, rend susceptible de perfectionnement ; défaut capital, toutefois, qui établit évidemment entre l'échelle animale et l'échelle humaine une distance incommensurable.

Nous trouvons donc dans certains animaux de l'intellectuel d'ordre inférieur, de qualité inférieure qu'on appelle instinct ; ensuite, toujours par voie descendante, on reconnaît dans d'autres animaux de l'instinct de moindre valeur, et nous pouvons descendre ensuite jusqu'à ces êtres animés qui sont si peu doués d'intellectuel, qu'ils ont à peine le mouvement propre et semblent immobiles. Cependant, tout être vivant possède de l'instinct qui est de la famille de l'intelligence.

Les végétaux, à leur tour, ont aussi leur échelle, au sommet de laquelle nous voyons certaines plantes manifester, pour ainsi dire, autant d'instinct que certains animés; mais il existe encore ici une ligne infranchissable entre les animaux et les végétaux, c'est qu'il manque aux plantes le mouvement propre. N'ayant point le mouvement propre, elles sont mues par une force étrangère, par une intelligence étrangère, par une loi intellectuelle dont chacun reconnaît la manifestation. On ne peut dire que la plante soit douée d'instinct mais elle est dirigée par un agent intellectuel qui lui imprime le mouvement et le maintien. Les arbustes opèrent, au moment favorable, les mouvements nécessaires à leur reproduction, sinon par eux-mêmes, du moins à l'aide du mouvement général, pris dans la nature, au moyen duquel les vents caressants font pencher par un mouvement gracieux la semence des fleurs dans le calice qui doit la féconder. Ainsi s'agite dans la prairie, aux jours du printemps, la génisse amoureuse.

Dans le monde minéral, enfin, dans le monde inanimé, que trouverons-nous? Qui soutient les inanimés, qui les constitue, qui les maintient à l'état compact?

Nous dirons que les inanimés se rattachent encore à la chaîne générale des êtres par la même loi intellectuelle ; nous dirons que dans les minéraux, dans les corps inorganiques, l'intellectuel se manifeste non par l'instinct, non par le mouvement étranger, non par le mouvement propre, mais par le nombre, par le nombre au repos; on reconnaît que c'est là encore un degré de l'intellectuel, le dernier degré de l'échelle de la vie, le plus simple élément de l'intelligence.

Ainsi, le nombre est partout : il se trouve dans le monde inorganique uni à la matière, sans autre.

Dans le monde végétal, le nombre en mouvement est uni à la matière, sans autre.

Dans le règne animal, le nombre en mouvement fournit le mouvement propre et l'instinct unis à la matière, sans autre.

Dans l'humanité, enfin, pour remonter au sommet de l'échelle, le nombre, le mouvement propre, l'instinct, l'esprit et l'intelligence sont unis à la matière.

L'homme résumant tous les ordres, les rapporte à la divinité comme à leur auteur, et lui en fait un perpétuel hommage ; ainsi la création tout entière s'unit à Dieu par l'homme ; la création fondée sur la loi primordiale du nombre s'unit à Dieu par l'intelligence qui a pour agent le nombre ; Dieu étant lui-même le nombre des nombres, en même temps que la cause de toutes choses.

L'Ermite. — Après un si beau langage, il ne reste qu'à remercier les dieux.

Platon. — Demain, pour parler un langage terrestre, je vous montrerai le nombre comme étant absolument la loi initiale du monde intellectuel.

FIN

Sceaux. — Imp. Charaire et fils.

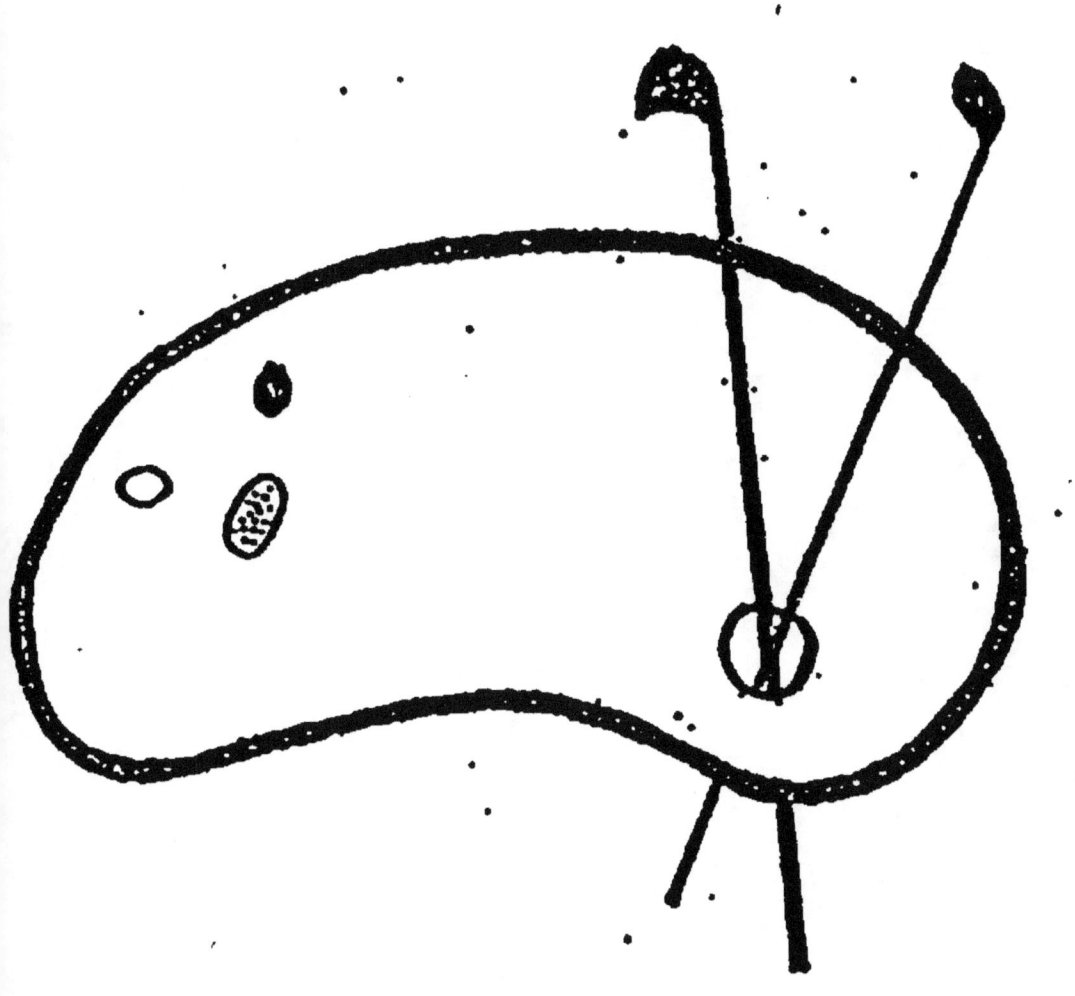

ORIGINAL EN COULEUR
NF Z 43-120-8

www.ingramcontent.com/pod-product-compliance
Lightning Source LLC
LaVergne TN
LVHW020108100426
835512LV00040B/2133